PRÉFACE.

En offrant à mes élèves le *Souvenir des Figures Françaises*, je n'ai pas cru devoir les instruire plus vîte; je n'ai tâché que de les aider à leur rappeler ce que la théorie, jointe à la pratique, leur donne; c'est-à-dire que les figures, décrites ci-après, doivent leur servir et pourront être utiles à tout élève qui apprendra à danser, pour se rappeler ce qu'il apprend, et ne pas oublier ce qu'il aurait appris, et pour l'aider à placer les pas qu'il pourrait savoir.

Beaucoup d'élèves s'étonnent, lorsqu'ils vont au bal, et qu'ils croyent savoir danser, de voir exécuter d'autres pas que les leurs, ils ne devraient pas s'étonner de cela puisque les élèves ne présentent pas tous les mêmes dispositions et qu'ils ne sont pas instruits par le même maître.

Ainsi, j'engage donc les élèves à s'occuper d'apprendre pour leur utilité à danser ou à figurer, et à ne pas s'occuper des enchaînemens de pas, qu'il voyent exécuter dans les quadrilles de contredanse.

Un élève quelqu'il soit, avec de bonnes ou mauvaises dispositions doit, quand il veut apprendre à danser, dire au maître le temps qu'il a à sacrifier à la danse, afin que le maître sache ce que son écolier veut apprendre; car si un écolier se présente chez moi pour apprendre à danser, je pourrai le faire danser en trois mois de temps, c'est-à-dire très-bien pour qu'il puisse figurer dans un quadrille de contredanse, connaissant quelques pas enchaînés aux figures; mais s'il peut sacrifier six mois il en saura davantage, s'il peut sacrifier une année il commencera alors à développer les véritables dispositions de la danse qui ne s'acquièrent qu'à force de travail; s'il peut sacrifier deux ou trois années, il joindra la la grâce à la souplesse et finira par faire un bon danseur de société.

Souvent nous rencontrons des élèves qui, en six mois de temps, ne font pas les progrès que d'autres font en trois mois; d'où cela provient-il? Des véritables dispositions de la danse. Celles-ci ne se donnent pas, ne s'achètent pas; on peut les acquérir à force de travail, vous me direz. Je ne veux pas faire un danseur à l'Opéra; je vous répondrai qu'avec la meilleure volonté que j'aurai de vous avancer et les meilleures dispositions que vous pourriez avoir, ce n'est pas avec trente-six leçons, que vous voulez prendre, même une année, que vous feriez un danseur à l'Opéra.

Je suppose même que vous êtes invité à un bal, et que vous voudriez figurer pour ce bal le plutôt possible; vous me permettrez de vous dire que, sans faire un danseur à l'Opéra, et pas même un danseur de société, je suis toujours dans ce moment-ci obligé de vous apprendre vos figures. Je vous propose un *Souvenir des Figures Françaises les plus usitées*, avec le nombre des mesures et de temps de danse; enfin le résultat des figures apprises, et chacune de ses parties, comme devant aider un écolier, quand il les sait, pour se les rappeler, et également en apprenant, pour se les graver dans la mémoire, pour ne pas oublier la théorie, si utile à la pratique.

Du moment où les écoliers ne réunissent pas la théorie à la pratique, c'est comme s'ils chantaient pour apprendre à danser, ou dansaient pour apprendre à chanter, c'est ce qui arrive souvent à des écoliers qui ne se fient pas au maître auquel ils s'adressent. Ils croyent toujours qu'on a l'intention de les traîner. Messieurs, j'aime tant voir bien danser, que si je pouvais vous faire danser en une leçon aussi bien que Perot, de suite vous sauriez danser. Les jeunes gens disent : je veux danser bien ou mal le plus promptement possible; moi je dis : ils voudraient bien danser, mais ils ne veulent pas se donner la peine d'apprendre. Enfin, jai tâché ici de les aider, en leur donnant le résumé des figures, à la suite du Souvenir démontré, temps par temps, mesure par mesure, afin de faciliter les écoliers à placer les pas, ou à savoir marcher les figures.

SOUVENIR

DES

Figures Françaises.

IMPRIMERIE DE P. BAUDOUIN,
Rue Mignon, n. 2.

SOUVENIR

DES

FIGURES FRANÇAISES

LES PLUS USITÉES,

DEDIÉ A SES ÉLÈVES,

Par Saint-Jacome, dit Templeux,

Professeur de Danse et de Musique, tenant ses cours à Paris, rue du Cloitre-Saint-Benoit, n. 8, quartier Saint Jacques, et rue des Quatre-Vents, n. 16, Carrefour de l'Odéon,

SUIVI DU

Manuel du Danseur,

ET DU

NOUVEAU QUADRILLE FRANÇAIS,

Par le même.

PRIX : FR.

PARIS.

1835

Manière

De compter les temps de danse, en divisant les mesures pour pouvoir danser, chose très-utile aux commençants.

Les mesures à 2/4 et à 6/8, sont celles qui ont été choisies jusqu'alors pour la danse de ville, du moins celles qui ont été choisies jusqu'à présent. La mesure à 2/4 est celle qui donne le mouvement le plus animé, la mesure à 6/8 le mouvement le plus lent; l'une et l'autre se battent en frappant et en levant; elles se divisent par ce moyen à deux temps. Le mucisien commence l'air comme on lui donne noté, soit en frappant, soit en levant, quoique les compositeurs de quadrilles devraient observer de commencer les airs en levant. Enfin, comme ils ne le font pas toujours, il faut que le danseur observe de frapper la mesure. Bien des personnes croient battre la mesure en frappant le temps levé pour le temps frappé; elles sont trompées par leur oreille parce que l'air a commencé en frappant au lieu de commencer en levant, et souvent elles continuent à danser en fausse mesure.

J'engage les danseurs, pour éviter de partir en fausse mesure, à battre pendant le temps de la ritournelle chaque temps sur un seul; ils seront sûrs alors de danser en mesure. J'engage de nouveau les danseurs à ne pas confondre battre un temps sur un seul; il faut battre chaque temps, le *temps levé* comme le *temps frappé*, c'est d'après cela qu'on doit se baser pour régler les pas en temps de danse sur les mesures, et pour partir en mesure.

Avis aux Danseurs.

Pour bien observer l'ordre dans l'exécution des figures, il faut en entendre le commendement; pour pouvoir l'entendre, il faut, quand on est placé pour danser une contredanse, ne pas chercher à partir tous à la fois; le côté où est placé l'orchestre doit partir le premier, également celui qui fait face; nécessairement si le côté opposé part le premier, n'étant pas à même d'entendre le commandement aussi bien que ceux qui sont près de celui qui commande, ils pourraient se tromper : les danseurs ne devront partir que lorsqu'ils auront entendu le commandement ou qu'ils connaîtront parfaitement l'ordre des figures; ils devront le suivre comme il est décrit ci-dessus, afin d'éviter la confusion et le désagrément d'embrouiller tout le quadrille.

Description du Quadrille Français, et des Figures les plus usitées, *savoir* :

Le *Pantalon*, l'*Eté*, la *Poule*, la *Trenise*, la *Pastourelle* et la *Finale*, suivie du résultat des parties tirées de chacune d'elles, avec le nombre de temps et mesures usitées, pour pouvoir placer les pas qu'on aurait appris, ou marcher les figures.

Un quadrille se compose toujours de cinq figures : le Pantalon, l'Eté, la Poule, doivent toujours se suivre. Quant à la quatrième, on fait quelque fois la Trénise, et quelque fois la Pastourelle. Pour la cinquième figure, c'est toujours une Finale quelconque qui termine le quadrille. On danse presque toujours les figures ci-dessus dénommées.

Nombre de personnes qu'il faut pour former des quadrilles.

Pour former un quadrille, il faut être au nombre de quatre personnes, deux cavaliers, deux dames, ou huit personnes dansant alternativement; d'abord les quatre premières, ensuite les quatre autres. On peut augmenter le nombre des personnes du quadrille, en y admettant quatre de plus, deux cavaliers et deux dames.

Comment il faut se placer pour danser.

Les cavaliers doivent toujours placer leur dame à leur droite, et se placer de manière à faire face à un cavalier, et une dame, et observer de se placer, les cavaliers vis-à-vis les dames, et les dames vis-à-vis les cavaliers.

Première Figure. — Pantalon.

Le Pantalon se compose de six parties avec répliques pour les quatre autres, savoir : Chaîne anglaise; elle se compose de huit mesures d'un air exécuté par l'orchestre, ou de seize temps réglés par un professeur. On peut remplacer ces seize pas de danse par seize pas marchés, comme on marcherait sur un air de marche; il est même nécessaire aux élèves, avant de placer des pas ou temps de danse, d'apprendre à marcher les figures et d'en connaître toutes les parties d'après cette règle, car on peut très bien savoir danser et ne pas connaître les figures; il ne suffit pas de savoir danser pour figurer, comme il ne suffit pas de savoir figurer pour danser.

2e et 3e *parties de la figure du Pantalon.* — Balancé, Tour-de-Main.

Le Balancé, comme la Chaîne anglaise, s'exécute

à quatre personnes; il se compose de huit temps de danse ou quatre mesures de l'air, commencé par le Pantalon. Le Balancé est toujours suivi, dans cette figure, d'un Tour-de-Main. Le Tour-de-Main compte ici comme une partie de la figure du Pantalon; il se compose de huit temps de danse ou quatre mesures de l'air qui continue à être exécuté par l'orchestre, car vous savez qu'on ne danse jamais sans musique; il s'exécute également à quatre personnes.

4e, 5e et 6e *parties de la figure du Pantalon.*

Chaîne des dames, demi-promenade et demi-chaîne anglaise, exécutées par quatre personnes. La Chaîne des Dames se compose de seize temps de danse, ou huit mesures de l'air. La 5e partie se nomme Queue-du-Chat ou demi-promenade; elle se compose de huit temps de danse ou quatre mesures de l'air qui continue, et la 6e partie se nomme demi-chaîne anglaise, et se compose de huit temps de danse ou quatre mesures de l'air.

Ritournelle.

On ne doit exécuter le Pantalon qu'après la Ritournelle jouée. On appelle Ritournelle huit mesures de l'air qu'exécute l'orchestre. Le danseur, avant de commencer, n'importe la figure, doit entendre la Ritournelle et compter huit mesures de l'air, ou frapper seize temps, comme il est décrit dans cette méthode. (*Voyez page* 9.)

2e *figure du quadrille.* — Été.

La figure d'Eté se danse pour la deuxième figure. On s'en sert aussi quelquefois pour Finale, en y joignant huit mesures, seize temps de danse appartenant à une autre figure, comme je la démontre dans la suite de cette méthode, ainsi que les parties qui lui servent de préludes. (Voyez finale du Quadrille.) Ici pour la deuxième figure on la danse ainsi qu'il suit : Un cavalier et une dame tenant place au quadrille et figurant en face l'un de l'autre, dansent ou marchent en avant, quatre temps de danse, pendant deux mesures de l'air ; en arrière, de même quatre temps de danse pendant deux mesures de l'air. Chassez: quatre temps de danse, deux mesures de l'air. Déchassez: quatre temps de danse, deux mesures de l'air. Traversez : huit temps de danse pendant quatre mesures de l'air. Chassez : quatre temps de danse, deux mesures de l'air. Déchassez : quatre temps de danse, deux mesures de l'air. Retraversez: huit temps de danse, quatre mesures de l'air. Tour-de-main : huit temps de danse, quatre mesures de l'air.

Avis du Balancé de la figure d'Eté.

Dans la figure de l'Eté, il entre un balancé, composé de huit temps de danse pendant quatre mesures de l'air, suivi du tour-de-main, composé également de huit temps de danse, quatre mesures de l'air : il doit être exécuté par un cavalier et une dame; lorsqu'un cavalier et une dame dansent la figure de l'Eté, le cavalier et la dame de la personne qui exécute l'Eté, attendent à leur place, l'une son cavalier, l'autre sa dame. Alors le cavalier qui attend sa dame, comme la dame qui attend son cavalier, doivent balancer et exécuter à la suite du balancé le tour-de-main avec la personne qui se trouve arriver à sa place. *Nota*. Trois repliques de la figure d'Eté sont nécessaires pour que les personnes qui figurent fassent alternativement la figure.

3e *figure du Quadrille.* — Poule.

La figure de la Poule se danse toujours par la troisième figure ; elle se compose de huit parties, la première se nomme Traversez, main droite : composée de huit temps de danse pendant quatre mesures de l'air exécuté par l'orchestre et dansé par un cavalier et une dame. La deuxième partie se nomme Traversez, main gauche, composée de huit temps de danse pendant quatre mesures de l'air dansé par un cavalier et une dame. La troisième partie se nomme Balancez, composée de huit temps de danse pendant quatre mesures de l'air dansé par quatre personnes, deux cavaliers et deux dames. La quatrième partie se nomme Demi-Promenade, anciennement Queue-du-Chat composée de huit temps de danse ou quatre mesures de l'air dansé également par deux cavaliers et deux dames. Cinquième partie, en Avant-Deux, en arrière deux, composé l'un et l'autre de quatre temps de danse ou deux mesures de l'air dansé par un cavalier et une dame. Sixième partie, *bis*, *idem* en avant, en arrière pour le cavalier et la même dame composé autant de temps de danse et de mesures. Septième partie, en Avant-Quatre, en arrière *idem* à quatre composé de huit temps de danse, quatre mesures de l'air exécuté par deux cavaliers et deux dames. Huitième partie, Demi-Chaîne anglaise composée de huit temps de danse ou quatre mesures de l'air, dansé par quatre personnes, deux cavaliers et deux dames. Trois répliques sont utiles pour que les autres personnes dansent à leur tour.

3e *figure*. — Autre leçon sur la Poule, plus instructive que la première.

La figure de la Poule se danse toujours pour la troisième figure, et se compose de huit parties. Première partie, un cavalier et une dame traversent en se donnant la main droite et la quittent aussitôt donnée; huit temps de danse, quatre mesures de l'air qui s'exécutent pour danser. Deuxième partie, ils retraversent en se donnant la main gauche; huit temps de danse ou quatre mesures de l'air et, sans se quitter la main gauche, après avoir offert la main droite à la personne qui danse avec elle, exécute la troisième partie qui est un balancé, composé de huit temps de danse, quatre mesures de l'air; les cavaliers et les dames qui balancent doivent ensuite, au moment où ils ont terminé leur balancé, donner la main qu'ils ont libre, à leur dame ou cavalier pour faire la quatrième partie qui est la demi-promenade ou queue-du-chat, composée de huit temps de danse, quatre mesures de l'air. En exécutant la queue-du-chat, les cavaliers devront observer en la terminant de placer les dames à leur droite; ainsi arrivés, le cavalier et la dame qui ont exécuté la première, la deuxième, troisième et quatrième parties, dansent ensemble la cinquième partie qui est en avant deux, composé de quatre temps de danse ou deux mesures de l'air, ensuite en arrière, quatre temps de danse ou deux mesures de l'air, après le dos-à-dos, qui est la sixième partie, composée de huit temps de danse ou quatre mesures de l'air. Ceci terminé, le cavalier et la dame, qui viennent d'exécuter la cinquième et sixième partie, offrent la main droite, le cavalier à sa dame, la dame la main gauche à son cavalier. *Idem*, les deux autres personnes main droite le cavalier, et main gauche la dame, continuent alors tous les quatre la septième partie qui est en avant quatre, composée de quatre temps de danse ou deux mesures de l'air. *Idem*, tous les quatre en arrière, quatre temps de danse ou deux mesures de l'air. *Idem*, tous les quatre. La huitième partie, demi-chaîne anglaise, composée de huit temps de danse ou quatre mesures de l'air. Trois répliques sont nécessaires pour que les autres personnes figurent à leur tour.

Avis sur la cinquième partie de la Poule, appelée Dos-à-Dos.

Actuellement que l'on a pris l'habitude de former des quadrilles de seize personnes, vingt-quatre, trente-six, plus ou moins, enfin que l'on forme les quadrilles de plus de huit personnes, il devient impossible d'exécuter le dos-à-dos; les danseurs devront le remplacer par un en avant, et en arrière, composé de huit temps de danse ou quatre mesures de l'air, exécuté par un cavalier et une dame. On évite ainsi la confusion de ce dos-à-dos qu'il est impossible de faire quand on se trouve aussi éloigné des uns des autres. Quand on danse vingt-quatre ou trente-six personnes, il devient impossible de le faire, l'on perdrait la mesure, l'on arriverait trop tard pour exécuter les parties qui suivent.

4e *figure.* — Pastourelle.

La figure de la Pastourelle se danse pour la quatrième, elle se danse alternativement avec la Trénis. La Trénis sert aussi de quatrième figure; l'on danse l'une ou l'autre; on doit, quand l'on danse une contredanse, observer le commandement des figures, attendu que la figure de la Pastourelle contient seize temps de danse ou huit mesures de l'air, plus que la Trénis. Ainsi, si l'on dansait sans avoir écouté celui qui commande, en fesant une figure l'une pour l'autre, l'on n'arriverait pas en mesure ou l'on arriverait trop tôt. Alors, si le répétiteur annonce Pastourelle, on dansera la figure suivante : Un cavalier, une dame dansent en avant en arrière; le cavalier donnant la main droite à sa dame, la dame la main gauche à son cavalier, composée de huit temps de danse ou de quatre mesures de l'air. *Bis* pour le cavalier, *idem* en avant, en arrière; huit temps de danse ou quatre mesures de l'air, conduisant la dame en avant pendant les quatre premiers temps ou deux mesures de l'air, et pendant la durée des quatre autres derniers temps, il s'en retourne en arrière seul, ayant alors laissé sa dame au cavalier qui lui fait face, et l'ayant placée à la gauche de ce cavalier qui ensuite exécute en avant-trois, en dansant et donnant la main à la dame qu'on lui a amenée, et en donnant également la main opposée à sa dame. Il exécute alors seize temps de danse ou huit mesures de l'air; le cavalier qui a d'abord conduit sa dame en avant en arrière, et placée au cavalier qui lui fait face, attend pendant seize temps de danse ou huit mesures que l'avant-trois soit terminé pour exécuter à la suite le cavalier seul composé de seize temps de danse ou huit mesures de l'air; puis tous les quatre exécutent un demi-rond et une demi-chaîne anglaise, composés de seize temps de danse ou huit mesures de l'air exécuté par les musiciens pour danser ladite figure : Pastourelle, trois répliques.

Trénis. — Figure de la Trénis. — Quatrième figure du Quadrille.

Pour exécuter la figure de la Trénis, un cavalier et une dame partent en avant, en arrière pendant deux mesures de l'air, quatre temps de danse, *idem* en avant en arrière. Le cavalier, avant d'aller en arrière, laisse sa dame au cavalier qui lui fait face; il exécute à la suite un traversé qui doit être également exécuté par les deux dames au même moment où le cavalier exécute son traversé; lesdits traversés doivent être composés de huit temps de danse ou quatre mesures de l'air; dans ledit traversé, les dames doivent observer de se croiser en terminant ledit traversé, de manière à ce que la dame qui se trouvait à la droite de son cavalier soit placée de face à sa gauche, comme également la dame qui était à sa gauche doit se trouver à la suite du traversé, à sa droite pour continuer à la suite chacun un retraversé, qui doit les conduire à leur place de la manière suivante : la dame qui a été conduite par son cavalier et laissée au cavalier qui lui faisait face, qui a également exécuté le premier traversé avec l'autre dame et son cavalier, doit, en retraversant, tourner autour de son cavalier en donnant la main droite à son cavalier et tourner de gauche à droite pour arriver à sa place. Egalement la dame qui a traversé, mais qui n'a pas été conduite par son cavalier doit retraverser en offrant la main gauche à son cavalier et tourner de droite à gauche pour arriver *idem* à sa place. Ensuite, arrive un balancé qui ne doit être exécuté que par un cavalier et une dame; c'est le cavalier et la dame qui ont commencé ladite figure qui doivent balancer ; l'autre cavalier et l'autre dame ne servent que comme figurans, attendu que cette figure n'est exécutée que par un cavalier et une dame. Ledit balancé se compose de huit temps de danse ou quatre mesures de l'air; il est toujours suivi du tour-de-main, qui se compose également de huit temps de danse ou quatre mesures de l'air : trois répliques sont nécessaires pour que les autres cavaliers et dames dansent à leur tour.

5me *Figure de quadrille.* — Eté final.

La figure de l'Eté se danse pour la cinquième figure de même qu'elle est écrite dans cette méthode pour la deuxième figure, seulement on y joint huit mesures ou seize temps, savoir : aussitôt la ritournelle jouée, au lieu d'exécuter l'Eté on exécute avant le chassé-croisé composé des temps et mesures ci-dessus dénommés, et à la suite, la figure de l'Eté, quelquefois on remplace le chassé-croisé par une promenade, ou par le grand rond, ou par une partie d'une figure quelconque toujours composée de seize temps de danse ou huit mesures de l'air.

Terminaisons du Quadrille.

Après avoir dansé l'Eté final tel qu'il a été démontré dans cette méthode, on termine le quadrille par un chassé-croisé tous, composé de quatre temps de danse ou deux mesures de l'air : déchassez, croisez, quatre temps de danse ou deux mesures de l'air. Demi-balancé quatre temps de danse ou deux mesures de l'air exécuté par le musicien pour terminer le quadrille.

Galoppade Saint-Simonienne.

Première partie.

Pour danser la figure Galoppade Saint-Simonienne il faut être au nombre de quatre personnes, huit, seize ou trente-deux ; on peut en augmenter le nombre par quatre en se plaçant selon l ordre du quadrille français. Cette figure remplace en ce moment très souvent l'Eté final. On exécute d'abord pendant seize temps de danse ou huit mesures de l'air une promenade générale ou course de galop.

Deuxième partie.

Deux cavaliers et deux dames, se faisant face, dansent en avant, en arrière huit temps de galop ou quatre mesures de l'air.

Troisième partie.

Les cavaliers traversent en changeant de dame et dansant huit temps de galop ou quatre mesures de l'air.

Quatrième partie.

Chaîne des dames dansée par deux cavaliers et deux dames, composée de seize temps de danse, huit mesures de l'air.

Cinquième partie.

En avant, en arrière, à quatre, dansant le pas de galop pendant quatre mesures ou huit temps de danse.

Sixième partie.

Retraverser en reprenant sa dame et dansant toujours le pas de galop, huit temps ou quatre mesures de l'air, *bis* jusqu'alors pour les mêmes et double *bis* pour les autres, promenade générale pour finir.

Nota. Paris. ancienne figure que l'on danse encore quelquefois à la campagne ; elle se compose d'un cavalier seul, de même pour la dame; seize temps de danse ou huit mesures de l'air, suivis du balancé et tour-de-main, souvent du chassé et du déchassé-croisé composé du nombre de mesures et de temps indiqués dans le chassé-croisé. Pour la Finale, trois répliques sont nécessaires.

RÉSUMÉ

DU QUADRILLE FRANÇAIS.

Première Figure.

Pantalon.

Chaîne anglaise, balancez, tour-de main, chaîne-des-dames, queue-du-chat ou demi-promenade, demi-chaîne anglaise *bis*.

Été.

En avant, en arrière à deux, chassez, déchassez, à deux traversez deux, chassez, déchassez deux, retraversez et tour-de-main. Trois répliques.

Poule.

Traversez, main-droite, retraversez, balancez, demi-promenade, en avant, en arrière *bis*, en avant, en arrière, en avant quatre, *idem* quatre en arrière et demi-chaîne anglaise. (Trois répliques.)

Pastourelle.

Cavalier en avant avec sa dame, en arrière, en avant et en arrière, après avoir laissé sa dame du côté opposé, en avant trois; cavalier seul, demi-rond et demi-chaîne anglaise (trois répliques).

Trénis.

Cavalier en avant sa dame, en arrière, en avant et en arrière. Après avoir laissé sa dame du côté, opposé, le cavalier traverse, *idem* les deux dames retraversent, *idem* les dames balancez à quatre; tour-de-main (trois répliques).

Ancienne Finale.

Chasssez, croisez, déchassez, croisez et l'Eté. Trois répliques et chassez croisez tous pour finir.

Nota. On remplace souvent cette Finale du quadrille français, par la Finale du quadrille saint-simonien. (Voyez galoppade saint-simonienne.)

Avis sur le nouveau Quadrille Français, appelé

Saint-Simonien.

Les parties du nouveau quadrille se composent d'autant de mesures et de temps de danse que dans l'ancien quadrille, pourvu qu'on ait soin de danser la Folie pour le Pantalon, l'Inconstante pour l'Eté, la Marseillaise, pour la Poule, la Parisienne pour la Pastourelle, l'Héloïse pour la Trénis, et la Saint-Simonienne pour l'Eté final.

Résumé du Quadrille Saint-Simonien. Première figure.

La Folie.

Tiroir du galop, balancez quatre, tour-de-main, chaîne des messieurs, demi-promenade du galop et demi-tiroir. *Bis* pour les quatre autres.

L'Inconstance.

En avant, en arrière à quatre, chassez, déchassez à quatre, traversez à quatre, chassez, déchassez à quatre, retraversez à quatre, demi-tiroir à quatre, *bis* pour les mêmes et double *bis* pour les quatre autres.

La Marseillaise.

Tous les cavaliers en avant, en arrière, toutes les dames *idem*. Balancez tous à vos dames, promenade du galop, chassez, croisez tous, déchassez, croisez *idem*, trois fois *bis*.

Parisienne.

La dame conduit en avant, en arrière son cavalier, *idem* en avant, laisse son cavalier et retourne seule à sa place. En avant trois, demi-rond et le demi-tiroir du galop.

L'Héloïse.

La dame conduit en avant, en arrière son cavalier, *idem* en avant, laisse son cavalier et retourne seule à sa place, traverse, *idem* les deux cavaliers traversent, retraversent, *idem* les cavaliers, balancez et tour-de-main (trois répliques).

Finale Saint-Simonienne.

Promenade du galop, en avant quatre, traversez en changeant de dame, chaîne de dames, en avant quatre, retraversez en changeant de dame, *bis* et double *bis* pour les quatre autres, grand Galop général pour finir.

Ce

l'u
bo
et
étr
d'u
ne
Ma
téri
dor

MANUEL DU DANSEUR DE SOCIÉTÉ,

OU

Ce qu'il faut connaître pour figurer en Société, aux Bals, Concerts, Assemblées, et dans toutes les Réunions.

Demande, que faut-il connaître? — Réponse, l'usage du monde, le ton, et les manières d'une bonne société. — D. Qu'entendez-vous par le ton et les manières? — R. Savoir se présenter sans être gauche, savoir danser, saluer, entrer et sortir d'une assemblée quelconque avec grâce, afin de ne pas donner mauvaise opinion de sa personne. Malgré tous les talens qu'on pourrait posséder à l'intérieur, il faut que l'extérieur offre cette grâce que donne l'habitude du grand monde, et que l'on acquiert qu'en apprenant à danser. — D. Depuis combien de temps la danse existe-t-elle? —R. Elle a toujours existé, elle est en usage chez tous les peuples. Dans tous les temps elle fut choisie comme un agrément distraction, elle est l'ornement d'une bonne société, et fait partie d'une bonne éducation. — D. Qu'est-ce que la danse présente d'utile? — R. Elle offre à celui qui la pratique plusieurs agrémens et a le don de donner au corps la souplesse, la grâce, l'élasticité.

que l'homme n'acquiert véritablemeut qu'en apprenant à danser.

D. Faut-il long-temps pour apprendre à danser? — R. Non, plus l'on pratique la danse, plus l'on acquiert de dispositions. Toute personne qui veut apprendre à danser parfaitement, doit d'abord connaître les principes élémentaires, sans lesquels on ne pourra jamais faire un bon danseur. — D. Est-il nécessaire de connaître tous les principes anciens et nouveaux, et tous les temps qu'il existe dans la danse? — R. Oui pour un danseur de l'Opéra, ou un professeur. Ce dernier doit encore connaître la musique et toutes les danses de caractère qui ont existé, et pouvoir régler des pas de danse, etc. — D. Un danseur de société a-t-il besoin de s'appliquer à connaître toutes les danses, les principes et tous les temps sans en excepter?—R. Non, il n'a besoin que d'apprendre la danse en usage au pays qu'il habite. — D. Pour faire un bon danseur de société, que faut-il posséder? — R. De la grâce, de la souplesse, de la légèreté, et de l'élasticité.—D. Faut-il long-temps pour obtenir ces quatre choses? Non, plus la personne a de goût, plus vîte elle les obtiendra, et en s'exerçant aux principes élémentaires de danse, il n'est pas étonnant qu'au bout de quelques mois il ne s'opère un changement total dans sa personne? — D. Peut-on aller au bal quand on apprend à danser. — R. Non, on ne doit y aller qu'autant que le maître jugera du savoir de l'écolier, à moins que ce dernier consente à ne pas danser, ou ne faire que les figures, s'il connaît les noms et les parties des figures, et le nombre de pas marchés qui entrent dans ces figures. — D. Peut-on figurer sans savoir danser? — R. Oui, on pei .es bien savoir les figures et ne pas connaître de pas, mais la plupart des personnes qui s'abandonnent à ce point sont toujours lourdes et empesées, en comparaison de celles qui ont appris.

Deuxième Dialogue. — Manière d'inviter ou de refuser à danser.

D. Est-il nécessaire de connaître des complimens pour inviter une dame à danser? — R. L'imagination doit en fournir. — D. Quelle sorte de compliment doit-on adresser à la dame que l'on invite? — R. Un compliment dans la forme de celui-ci : « Mademoiselle, ou Madame, (si l'on juge que c'est une dame), êtes-vous engagée pour la première contredanse? » Réponse de la dame si elle n'est pas engagée : « Non, Monsieur. » La dame pourra continuer à dire : « Si vous daignez danser avec moi, je vous en saurai gré. — R. Vous me faites honneur, j'accepte avec plaisir.

Avis.

Si la dame répond seulement : Non Monsieur, je ne suis pas engagée, alors le cavalier, au lieu de la dame, continuera ainsi : « Si vous daignez accepter cette contredanse, vous me ferez un sensible plaisir? — R. Vous me faites honneur, j'accepte avec plaisir. Si elle est engagée : « Je suis fâchée de ne pouvoir accepter; je suis engagée pour la première. » Le cavalier continuera : « Je suis fâché que vous ne puissiez accepter. » S'il lui plaît, il pourra continuer ainsi : « Si mademoiselle veut accepter la deuxième, troisième, ou quatrième contredanse, elle me fera un sensible plaisir? » — R. Monsieur, c'est avec plaisir que j'accepte. » La dame devra désigner quelle est la contredanse qu'elle accepte. Si une dame refuse de danser, elle doit toujours alléguer un motif décent, tel que celui-ci : » Monsieur, je ne puis accepter, parce que je ne danse pas. Ou dire : « Je suis déjà bien fatiguée; je ne puis plus danser. » Enfin, tâcher autant que possible, de persuader la personne qui l'invite que ce n'est point un caprice. Par ce moyen on évite toutes discussions qui deviennent quelquefois graves, lorsque l'on refuse malhonnêtement.

D. Le cavalier doit-il faire un ou deux saluts à la dame, en l'invitant pour la danse? — R. Oui; il doit avant d'adresser aucun compliment, s'incliner le plus respectueusement possible, et également après la réponse. — D. La dame, lorsqu'on l'invite, doit-elle faire quelque salut? — R. Oui; une petite inclination de tête. — D. Y a-t-il plusieurs sortes de saluts? — R. Il n'y a qu'une seule manière de s'incliner pour saluer; mais il y a mille manières de placer le salut.

Troisième Dialogue. — Des Saluts.

D. Qu'est-ce qui a établi le salut? — R. C'est le respect que l'on se doit réciproquement, selon le grade ou le rang que l'on occupe dans le monde. — D. Que nomme-t-on salut d'étiquette? — R. Un salut d'étiquette doit remplacer ce que nous autres bourgeois, nous nous servons, c'est-à-dire, que lorsque nous sommes invités à un bal ou réunion, nous allons droit, en arrivant, saluer, complimenter le maître de la maison. Chez les nobles, il n'en est pas ainsi : leurs noms seuls suffisent pour recevoir une invitation. Il leur suffit d'être noble pour être admis à la cour. Dans une assemblée nombreuse, où doit-être réunie une société choisie, chaque individu qui y est admis est annoncé par ses noms, grades et qualités. Le salut que nous appelons salut d'étiquette sert ici de base de maintien au grade que l'on occupe. Il est donc utile pour se présenter dans de telles assemblées, de saluer le mieux du monde, le moins gauchement possible, et sans affectation. — D. Quand doit-on saluer? — En entrant et en sortant de chez les personnes où nos occupations nous appellent, et dans maintes et maintes occasions, plus ou moins utiles les unes que les autres, telles qu'aux bals, à la promenade, etc. — D. Lorsqu'on salue, y a-t-il une manière de tenir son chapeau, son claque, etc. — R Tout cela tient à la grâce et au bon goût des personnes, et principalement à la mode à suivre, qui doit être indiquée par un professeur de danse, car toutes ces choses sont utiles. Non-seulement cela, mais il y en a encore bien d'autres, telles que pour une dame, la révérence, la contenance qu'elle doit tenir au bal, la manière pour un cavalier de faire son entrée avec une dame ou deux; la manière dont une dame doit tenir son éventail, pourquoi on en porte au bal, et à quelle occasion elle peut lui servir, ainsi que toutes les circonstances qui nous obligent à saluer pendant, avant et après le bal. — D. Ne danse-t-on plus autant ni aussi bien qu'autrefois, dans les bals de société? — R. On vous a trompé, si l'on vous a dit que l'on ne dansait plus autant. Il n'a jamais existé autant de bals publics que maintenant. Dans un grand nombre de maisons de Paris, habitées par des personnes un peu aisées, il ne se passe pas d'hiver où l'on ne donne plusieurs bals ou concerts. La seule différence qui existe maintenant c'est que l'on rencontre beaucoup plus de danseurs qu'autrefois, et que, dans un salon qui ne contenait que vingt-cinq ou trente personnes, on y en entassait pas deux ou trois cents. Ils s'y rencontrent souvent des personnes qui ne sont pas connues du maître, de la maîtresse, et qui y sont amenées par d'autres personnes invitées; voilà ce qui fait que souvent étant pêle-mêle les uns sur les autres, il est impossible de danser ou de pouvoir même exécuter les figures. Il existe encore un autre abus à ce sujet. Des élèves de piano, qui font danser ou qui croient faire danser, sont souvent cause que le mond : reste la jambe en l'air, et que l'on est obligé de marcher. Je dois vous raconter une histoire à ce sujet.

Histoire véridique.

Monsieur de ***, étant arrivé à Paris, reçut de Mme de *** une invitation pour un bal qui avait lieu chez elle; comme il ne savait pas danser, il refusa l'invitation qui lui était adressée et refusa formellement d'aller au bal. Les jours gras étant arrivés, M. de ***, reçut invitation sur invitation. Etant enfin invité par un de ses anciens amis de de collége, qui lui dit : Eh bien, mon ami, si tu ne sais pas danser, tu marcheras; l'on marche maintenant; notre jeune homme ne voyant aucune autre difficulté que celle de ne pas savoir danser, se décida à aller au bal de Mme de ***.

Le soir du bal étant arrivé, notre nouveau danseur endosse l'habit de rigueur, les gants, les ins escarpins, le claque sous le bras; on eut dit un de nos élégants petits-maîtres; il se dit plusieurs fois : il est malheureux que je ne sache pas un peu danser, mais cette douce réflection : *l'on marche maintenant!* le soutient dans son but ; il partit donc avec l'intention de bien s'amuser; étant invité pour neuf heures, il crut devoir partir de chez lui à huit, afin de ne pas se faire attendre. Les coursiers qui le conduisaient, ayant été plus vîte qu'il ne pensait, la course beaucoup moins longue qu'il ne l'avait jugée, firent qu'il se trouva arrivé une demi-heure avant l'heure du bal. Son arrivée fut cause que tous les gens de la maison furent grondés, car personne n'était encore à son poste : le jockei n'était pas prêt pour annoncer le monde, les musiciens furent grondés parce qu'ils arrivaient trop tard; le coiffeur parce qu'il n'allait pas assez vîte pour coiffer Mme de ***. Les demoiselles de ***, n'étaient pas contentes que l'on arrivât sitôt, attendu qu'elles n'avaient pu finir leurs leçons de danse, sur le nouveau pas qu'elles voulaient exécuter pour avoir meilleure grâce que leurs compagnes. Il fut encore cause que la conturière fut grondée, attendu qu'elle n'avait pas terminé la robe de madame, et qu'alors celle-ci se trouva habillée à toute hâte, et que sa jolie robe de bal lui allait très mal. Enfin, il fut encore cause que toute la maison s'ennuya, et que l'on crut qu'il ne viendrait personne au bal ; car vous ne doutez pas messieurs, que tout le monde de la maison, se trouvant chacun à son poste à neuf heures précises, il fallut beaucoup de patience pour attendre l'arrivée du monde, qui ne se fit que de onze heures à une heure. Après deux heures d'attente, notre jeune homme vit bientôt la foule des danseurs et danseuses prendre place aux quadrilles; il regardait de tous ses yeux cette confusion de monde dansant, sautant chacun à sa façon; il se dit en lui-même : mais mon ami me disait que l'on marchait, et je vois tout le monde danser. N'osant pas prendre place aux quadrilles, notre jeune homme fut bien aise de voir arriver son ami pour pouvoir au moins converser. Son ami lui dit : eh bien, tu ne danses donc pas? Puisque tu ne danses pas, va faire une partie à l'écarté. Notre jeune homme ne trouvant rien de mieux à faire, joue, mais malheureusement la ch nce lui devient contraire, et il a. en moins de trois quart-d'heure vidé ces poches et sa bou se ; aussi pense-t-il en lui-même qu'il aurait beaucoup mieux fait de danser. malgré qu'il n'a pas appris.

Se trouvant par hasard auprès d'une dame d'un certain âge avec laquelle il tenait conversation depuis quelques minutes, cette dame lui dit : « Mais, Monsieur, vous ne dansez donc pas ? » il lui répondit : « Madame, je n'ai pas encore dansé, et je n'ose pas me risquer.» — « C'est une plaisanterie, lui répond cette dame! L'on marche maintenant; essayez à danser la prochaine avec ma fille; comme vous elle n'a jamais appris. Des jeunes gens! Eh parbleu, vous vous tirerez bien d'affaire! » Monsieur de *** ne pouvant refuser, accepte la partie. Bientôt le son des instrumens exécute la ritournelle, et voilà nos deux jeunes gens en place ; mais malheureusement pour eux, ils avaient pour vis-à-vis un couple, qui, comme eux, n'avait jamais appris; ils servent bientôt de risée à toute la société, qui les pousse à droite, à gauche, et enfin les abandonne à leur malheureux sort. Ils se voyent alors contraints de retourner à leur place. Monsieur de *** dit à son ami : « Tu me disais que l'on marchait, et cependant il me semble que tout le monde danse ? « Son ami lui répond : « Mais tu ne connais donc pas du tout les figures ?» — Non, du tout. — Il faut au moins que tu saches figurer. — J'ai appris à danser pendant trois ans, et c'est tout au plus si je peux placer un seul pas; les salons de bals sont si fréquentés que c'est presque impossible à ceux qui ont appris à danser; à plus forte raison toi ; si tu ne sais pas danser tu ne pourras pas danser. J'appelle cela marcher par rapport à la foule qu'il y a dans les salons, et de là l'impossibilité de pouvoir placer ses pas. Persuades-toi bien que l'on danse et danse très bien maintenant ; que nous n'avons jamais eu de si bons danseurs et d'aussi bons maîtres qu'aujourd'hui ! On a beau dire : Tout ce qui pousse, nous repousse ; et les danseurs d'aprésent valent mieux que ceux de l'ancien temps; que même la danse de ville vaut beaucoup mieux que ces menuets de l'ancien régime. Enfin, marcher est beaucoup mieux pour nous autres bourgeois. Marcher la danse avec grâce, souplesse, légèreté, élasticité; ne vous imaginez pas marcher sans savoir même les figures. Marcher la danse, c'est danser les temps simples sans en battre aucun ; nous avons abandonné les temps battus, ou autrement dit, les tours de force, pirouettes, etc., aux danseurs de l'Opéra, car les bourgeois étaient devenus ridicules avec tous ces pas comiques, comme les aîles de pigeon, pas d'été, etc., etc.

Quelqu'un qui écoutait la conversation dit :

Oui, Messieurs, l'on marche, mais pour pouvoir marcher, il faut savoir danser.

Notre nouveau danseur, persuadé alors du nouveau dire, a appris à danser afin de pouvoir figurer et marcher au bal.

Avis aux Danseurs.

Les personnes qui ne se conforment pas à apprendre à danser par principe, encourent le risque de se donner à un mauvais genre qui existe en ce moment dans les bals publics, principalement dans ceux fréquentés par les filles prostituées. C'est une danse qui, autrefois, n'était fréquentée que les jours de bal masqué; on la nomme *Chaue* ou *Cancan*; quand on a le malheur de s'y abandonner, elle entraîne la perte totale de l'individu; elle est rejetée des bals de société. Un individu qui s'est dégradé au point de danser cette sorte de danse dans les bals publics, contracte tellement ces sortes de gestes, qu'il lui devient impossible de cacher ces mauvaises manières et son mauvais ton. Souvent même dans les bals publics ils sont chassés par la police ou arrêtés. Il est à espérer qu'avant peu cette danse indécente ne sera plus le goût même des mauvais sujets, d'après les batailles qu'elle occasionne; nous espérons que l'on laissera cette sorte de danse à la vile canaille qui l'a inventée. Elle n'était permise autrefois que sous le masque, et n'était dansée que par les gens déguisés en forts des marchés ou des halles.

www.ingramcontent.com/pod-product-compliance
Ingram Content Group UK Ltd.
Pitfield, Milton Keynes, MK11 3LW, UK
UKHW021030260726
13994UKWH00005B/2052